LES QUATRE HEURES

DE LA TOILETTE

DES DAMES.

LES
QUATRE HEURES
DE LA
TOILETTE
DES
DAMES

LES QUATRE HEURES
DE LA TOILETTE
DES DAMES,
POËME ÉROTIQUE
EN QUATRE CHANTS,

Dédié à Son Altesse Sérénissime Madame la Princesse de Lamballe, Chef du Conseil, & Surintendante de la Maison de la Reine.

Par M. de Favre, de la Société Littéraire de Metz.

Ainsi, belle d'Ussé, l'Art se croyait le maître,
Et le Monde à son char paraissait s'attacher ;
Mais la Nature vous fit naître,
Et l'Art confus s'alla cacher. Volt.

A PARIS,

Chez Jean-François Bastien, Libraire, rue du Petit-Lion, fauxbourg Saint-Germain.

M. DCC. LXXIX.

A SON ALTESSE SÉRÉNISSIME

MADAME

LA PRINCESSE DE LAMBALLE.

MADAME,

VOUS n'avez point ignoré que Madame la Duchesse de Chartres a été l'objet de mes premiers essais sur la Poésie. VOTRE ALTESSE

Sérénissime, qui protège les beaux Arts, veut bien m'encourager en me permettant de lui consacrer mon second Ouvrage : j'ose la supplier d'agréer l'hommage de ma reconnaissance.

Je suis avec le respect le plus profond,

MADAME,

de Votre Altesse Sérénissime,

Le très-humble & très-obéissant Serviteur, DE FAVRE.

PRÉFACE.

Tous les Poëtes qui ont célébré l'emploi du temps ont chanté les momens heureux de l'Amour; mais dans la diſtribution des heures du plaiſir, ils ont oublié celles que les Amans donnent à l'art de la parure, inſéparable de l'art de plaire. Dans le Poëme charmant des quatre parties du Jour de M. le Card. de B. dont j'aurais deſiré d'imiter les Grâces, Ariane, Aréthuſe, Diane & Héro, ne ſont belles que par les charmes que leur prête l'Amour. J'eſſaie de prouver que le ſoin de plaire ajoute encore à la beauté. Un négligé ſéduiſant rend Pſiché plus touchante à ſon réveil; Diane au bain, couverte de ſes cheveux qui flottent au gré des Zéphirs; Europe mêlant aux lis de ſon teint, par un heureux artifice, le rouge dérobé à Junon; Thétis enfin n'ayant plus d'autre voile que la ceinture des Grâces lorſqu'elle reçoit Apollon, voilà les divers rapports de la toilette ſous leſquels je vais peindre les quatre heures du Jour.

Je ſuis loin de penſer que les Dames faſſent de la parure leur occupation unique. M. Thomas, de la même main qui crayonna les grands Hommes, a rendu hommage à l'aptitude qu'elles ont pour les Sciences lorſqu'elles veulent bien s'y livrer. Nées, avec des organes plus délicats, plus fins que les nôtres, leurs progrès en deviennent plus rapides; elles réuſſiſſent ſur-tout dans le genre gracieux & léger. Le Journal des Dames nous prouve qu'il leur reſte encore aſſez de temps après la toilette pour compoſer de jolis vers, tels que ceux de Madame la Comteſſe de Turpin & de Madame de Beauharnais. Madame de Sévigné, notre unique modèle dans le ſtyle épiſtolaire, s'occupait des modes nouvelles pour les envoyer à ſa Fille, & Madame du Châtelet ne négligeait point le ſoin de ſa beauté lorſqu'elle commentait ſous les yeux de Voltaire les ſyſtêmes de Leibnitz & de Newton.

Il faut en convenir, l'attention des Femmes à ſe parer n'eſt pas auſſi frivole qu'elle le paraît à des yeux prévenus; tout ce qui peut relever leurs grâces naturelles assure leur empire, & les Philosophes conviennent de l'influence qu'elles ont eue dans tous les temps sur les belles actions que nous admirons le plus.

On a assez chanté les Bergères, il est juste que les Beautés de la Ville aient leur tour. Les tableaux champêtres sont épuisés. Voici ce que me dit un jour à ce sujet un Homme sensible qui avait passé sa vie à la campagne. « Elevé sur des côteaux émaillés de fleurs, » jai vu naître l'Aurore & j'ai senti que le réveil d'une » Brune piquante ou d'une Blonde languissante aux » cheveux épars est plus brillant que le point du jour ».

Mon travail sera couronné au-delà de mes vœux si, dans le nombre des détails qui composent ce Poëme, quelques-uns ont su plaire au sèxe charmant qui en est l'objet, & je recevrai avec reconnaissance les avis des Gens de Lettres qui, après m'avoir lu, voudront bien me communiquer leurs observations.

S'il peut être permis de parler un moment de soi

dans la Préface d'un de ſes Ouvrages, je dirai que je me ſuis déterminé à cultiver la Poéſie, parce qu'elle m'a paru le plus noble des Arts : c'eſt elle qui immortaliſe la vertu, la beauté & la valeur : elle eſt le charme innocent de mes jours & le délaſſement de mes travaux ſérieux. O ma muſe ! vous le ſavez : ma vie eſt pure ſans être heureuſe ; mon cœur eſt tranquille, & je laiſſe à mon imagination le ſoin de mes plaiſirs.

N. B. On a placé à la fin de l'Ouvrage des Notes ſur quelques Divinités de la Fable qui, pouvant n'être pas connues des perſonnes qui ne font point une étude particulière de la Mythologie, embarraſſeraient le Lecteur ſur le ſens d'un vers.

Fautes à corriger.

Page 2, *vers* 15. encore, *liſez* encor.
Page 4, *vers* 10. Lorſque, *liſez* Alors que.
Page 5, *vers* 3. Sommeille, *liſez* Sommeilles.
Page 9, *vers* 1. Échos, *liſez* Écho.
Page 50, *vers* 8. ſes bluettes, *liſez* les bluettes.

A PARIS, de l'Imprimerie de PHILIPPE-DENYS PIERRES, Imprimeur du College Royal de France. 1778.

SUJET DES ESTAMPES.

PREMIERE PLANCHE.

PSICHÉ s'éveillant en ſurſaut à la fin d'un rêve, les cheveux épars, mais point échevelée; elle eſt agitée, mais ſon air eſt tendre & d'une douceur inquiète. Elle eſt debout, tenant de chaque main ſes rideaux, qui reſtent unis par le faîte : elle ſe trouve dans cette ſituation en face de ſa toilette, & ſe regarde au miroir qui y eſt dreſſé : vers le ciel de la planche, entre le dais du lit & la corniche, l'Amour ſuivi d'un grouppe de Songes s'envole en riant.

Les vrais atours de la Beauté
Sont l'ouvrage de la Nature;
Et ſa plus brillante parure,
Les roſes de la Volupté.

SECONDE PLANCHE.

DIANE ſortant des eaux, couchée ſous un berceau de myrtes, dans ce voluptueux abandon que donne la fraîcheur du bain. Elle fixe languiſſamment & avec reproche le Berger Endymion qui s'avance & reſte en extaſe à l'aſpect de tant de charmes : elle tient déja dans ſa main le myrte qu'elle deſtine à ſa couronne; derrière le berceau, les Nymphes de la Déeſſe tournent la tête & ſourient en s'enfuyant.

Va, mon courroux s'évanouit,
Et dans mes mains eſt ta couronne.

TROISIEME PLANCHE.

Un boudoir éclairé d'un jour tendre: Europe y eſt aſſiſe à ſa toilette; les trois Grâces, Aglaé, Euphroſine, Thalie, l'environnent ſans la cacher : Aglaé eſt derrière elle, tenant ſes cheveux d'une main, & de l'autre les développant dans toute leur longueur comme ſi elle ſe diſpoſait à les ployer ou à les treſſer, mais en effet pour en faire paraître toute la beauté: l'enſemble des traits d'Europe, doux & ſenſible, reſpire la gaité, la dignité & le ſentiment affable: l'Amour plus près de la toilette en examine l'effet avec attention, préſentant lui-même le miroir: au côté oppoſé, des Nymphes admirent avec attention & une curioſité extrême un pot de rouge que tient une d'elles un peu détachée du grouppe; Comus dans l'enfoncement, préſide à la toilette, dont il eſt le Dieu. Au milieu de la planche, deux Amours ſoutiennent une couronne de fleurs.

A vos côtés j'ai peint les Grâces,
Et l'Univers à vos genoux.

QUATRIEME PLANCHE.

L'entrée du palais de Thétis baigné par une mer calme. Cette Déeſſe ſort de ſa grotte pour recevoir Apollon qui ſe préſente les cheveux épars: il a un pied ſur ſon char, & de l'autre ſe précipitant vers la grotte, il lui donne un baiſer dans cette attitude: des Amours élevés rafraîchiſſent l'air en y effeuillant des roſes.

Apollon redouble pour elle
Tous les feux qu'il éteint pour nous.

LES

LES QUATRE HEURES
DE LA TOILETTE
DES DAMES.

POËME.

CHANT PREMIER.

L'AMOUR ET PSICHÉ.

Je chante l'heure du matin,
Où chaque Belle à sa Toilette,
Des cœurs méditant la défaite,
Colore ou rafraîchit son teint;
Et le réveil suivi du bain,
Et l'instant où sa main légère
Fait succéder avec gaieté,
Au négligé d'une Bergère,
L'éclat d'une Divinité.

Amour ! doux charme de la vie !
Prête-moi tes pinceaux flatteurs :
Viens embellir de tes couleurs
Mes vers qu'à Zélis je dédie.
Si par elle ils sont accueillis,
A Paphos ils sçauront mieux plaire,
Puisqu'en faire hommage à Zélis
C'est les consacrer à ta Mère.

Conduit par Comus & sa Cour,
J'entre au Temple de la Parure,
Où l'Art épris de la Nature,
L'épouse en faveur de l'Amour.
Déja l'astre brillant du jour
Est avancé dans sa carrière,
Et je rencontre encore la nuit,
Qu'on croit bien loin de l'hémisphère,
Dans cet asyle du mystère
Où la volupté la réduit.

Mais de ſa dernière retraite
Elle s'éloigne en ſoupirant :
Je la vois enfin qui s'apprête,
A s'enfuir de ce lieu charmant :
Dans leurs palais je vois les Heures,
Les yeux fixés ſur leurs cadrans,
S'avancer, ouvrir à pas lents,
Une porte de leurs demeures
Au jour qui naît pour les Amans.

Par-tout les fuſeaux, les aiguilles
Précipitent leur mouvement,
Et l'or, & la ſoie, & l'argent,
Laſſent les doigts des jeunes Filles.
Tiſſus de brillantes couleurs,
Riches étoffes, rubans, fleurs,
S'aſſemblent dans les mains habiles
Des induſtrieux artiſans :
C'eſt pour toi, Beauté de nos villes,

Que tout s'empresse en ces momens:
Dans les villes & dans les champs,
Tout agit; sur le sein de Flore
Colette, l'arrosoir en main,
Colette, au défaut de l'Aurore,
Rafraîchit la fleur du matin,
Sans craindre de brûler son teint,
Pour la Beauté qui dort encore.
Vois le bonheur de ton destin!
Lorsque l'artisan s'applique
A nuancer le vermillon,
Le laboureur creuse un sillon,
Du fer de sa charue antique:
Tandis que, la sueur au front,
Sur ses traces en diligence,
Un autre jette la semence
Dont les épis te nourriront.
Quand le poids du jour nous accable,

Toi ſeule, objet de nos travaux,
Goûtant un repos délectable,
Sommeille ſous d'épais rideaux;
De ta nonchalante paupière
Morphée éloignant la lumière,
Malgré le jour & le fracas,
Au ſein de la foule ouvrière,
Sur le duvet étend tes bras.
Sèxe charmant! quand tu ſommeilles,
A tes deſirs tout obéit,
C'eſt pour l'inſtant où tu t'éveilles,
Que la Nature s'embellit;
Le jour, les ſoins de la Toilette,
Sont les plus grands de tes ſoucis;
Et durant tes paiſibles nuits,
Si quelque choſe t'inquiète,
Peut-être une flamme ſecrète
Jette le trouble en tes eſprits.

Ainſi Pſiché s'eſt endormie,
En cherchant au fond de ſon cœur.
D'où vient cette inquiète ardeur
Qui ſuit le printems de ſa vie,
Et qui la ſéche de langueur.
Dans l'enchantement de ſon rève,
Sur ſon aîle Zéphir l'enlève,
Par les ordres d'un Dieu caché :
Enfin dans ces momens propices,
Au charmant palais des délices,
L'Amour a tranſporté Pſiché.

Mais en découvrant à la vue
De Pſiché le tendre incarnat,
Du jour affaibliſſons l'éclat,
Voilons la pudeur ingénue :
La clarté bleſſe ſes appas :
Elle eſt ſage, mais elle eſt nüe,
L'Amour a les yeux délicats.

Vous, Amans, qu'avec complaiſance
J'introduis chez cette Beauté,
Ne contemplez la volupté
Qu'avec les yeux de la décence.
Parmi cet eſſain voltigeant
De ſonges preſſés autour d'elle,
Voyez-vous ce ſonge charmant
Qui, de la pointe de ſon aîle,
La careſſe légèrement ?
Pſiché ſourit, elle eſt plus belle :
Ce n'eſt point ce rire piquant,
Que pour déſoler un Amant
Affecte une Beauté cruelle :
Tout eſt vrai, tout ſéduit en elle :
Pour l'Amour quel heureux moment !
La troupe riante & volage
Lui prête à l'envi ſes couleurs :
Elle la pare de ſes fleurs,

Et du plaiſir lui peint l'image.

Mais près du merveilleux palais,
Vers ces jardins, ſous ces boſquets,
Où cette Beauté qui ſommeille,
Arrive au ſouffle d'un vent frais,
Volez, Amans, Amans diſcrets,
Elle parle, prêtez l'oreille.

« Où ſuis-je ! . . . ô ciel ! . . . en quel ſéjour,
» Vient de m'égarer ma tendreſſe ?
» Quelle demeure enchantereſſe !
» Et quel Dieu tient ici ſa cour !
» Ces boſquets parfumés de roſes,
» Cet ombrage ſi ſéduiſant :
» Sont-ce les lieux où tu repoſes,
» Être inconnu de mon tourment? . . .
» En ces lieux . . . quel autre ſoupire ? . . .
» J'entends . . . hélas trop vaine erreur !
» Ce gémiſſement du martyre,

» Echos ! c'eſt la voix de mon cœur ».
Quand tu contais ainſi ta peine,
Pſiché, ſavais-tu que l'Amour,
Sous les feuillages d'alentour,
Voyait ſa victoire certaine ?
Non ; tu diſais : « dans ce jardin,
» Il eſt un remède peut-être
» Au feu qui brûle dans mon ſein :
» Puiſſe la faveur du deſtin,
» Me le faire bientôt connoître » !
Mais hélas ! que tes vains deſirs,
Peignaient bien ta flamme naiſſante !
Cette illuſion, ces ſoupirs,
Étaient d'une timide Amante :
Heureux qui fut l'objet vainqueur
Des premiers feux de l'innocence.
Quel trouble nâquit dans ſon cœur,
Lorſqu'il reſſentit leur puiſſance !

Ce fut alors, qu'impatient,
L'Amour caché dans le bocage,
Écartant le léger feuillage,
Sans bruit, à peine respirant,
Les sens troublés, l'ame éperdue,
Approche de ce lieu charmant,
Et voit avec saisissement
Psiché mollement étendue
Sur un gazon frais & naissant ;
De son carquois un trait s'échappe,
Vole à Psiché, perce son cœur :
Elle ne sçait pas qui la frappe,
Mais sa blessure est sans douleur :
L'Amour s'élance au bosquet sombre,
Dès qu'il a repris son bandeau,
Et pour mieux en épaissir l'ombre,
Soudain il éteint son flambeau.

Mais quels accords ! quelle harmonie

Vient enivrer nos deux Amans!
Quelle touchante mélodie
Jette l'oubli dans tous leurs ſens!
L'écho de cent grottes voiſines,
La redit aux échos divers:
Tendres Bergers de ces collines,
Ceſſez un moment vos concerts:
Ici l'Amour ſe fait entendre
A cette Beauté qui gémit.
Écoutons ce qu'elle entendit,
Écoutons bien cette voix tendre,
Que déja ſon cœur applaudit.
« Source de félicité pure,
» Je ſuis maître de l'univers,
» Et quand j'ai ſoumis la Nature,
» Pſiché, je languis dans tes fers.
» O toi, qui ſeule as ſçu me plaire,
» Reçois le prix de ta beauté.

» O toi, que j'enlève à la terre,
» Prends part à ma divinité,
» Règnes dans mon cœur ſans partage,
» Et fais moi les mêmes ſermens:
» Sois heureuſe en ces lieux charmans,
» Tout s'empreſſe à t'y rendre hommage:
» A ma place donne des loix,
» Prends ce flambeau dont la lumière,
» Pourra te guider quelquefois
» Dans ce lieu ſombre & ſolitaire;
» Mais ſur-tout, Pſiché, gardes toi
» De t'en ſervir pour me connaître:
» L'objet qui t'a donné ſa foi,
» A tes yeux ne doit point paraître:
» Je m'échappe & fuis pour jamais,
» Si tu ne gardes le myſtère :
» Tels ſont les céleſtes décrets,
» Que je ceſſerai de te plaire,

» Sitôt que tu verras mes traits ».

Dans ſon tourment, dans ſon délire,
Pſiché répond en ſoupirant :
« Eſt-ce vous que mon cœur deſire?
» Ah ! ſi vous êtes mon Amant,
» Dites-moi pourquoi je ſoupire.
» De jour en jour un noir chagrin
» Deſſéche la fleur de mes charmes:
» En proie aux plus vives alarmes,
» Victime d'un affreux deſtin,
» Je pleure, & c'eſt dans votre ſein,
» Que je veux répandre mes larmes.
» Pour calmer mon cœur malheureux
» Banniſſez cette nuit profonde,
» Qui vous accompagne en ces lieux.
» Pourquoi dérober à mes yeux
» L'aſpect du plus grand Roi du monde,
» Peut-être l'objet de mes feux?

» Craint-on les dieux & leur tonnerre,
» Ingrat, lorſque l'on aime bien?
» Dans ſon ivreſſe, on ne voit rien,
» Que le ſeul objet qui ſçait plaire.
» Que peut tout l'Olympe en colère,
» Contre un doux & tendre lien »?
« Quoi ! vous brûlez de me connaître,
» Belle Pſiché, répond l'Amour.
» A vos yeux ſi j'oſais paraître,
» Hélas ! de m'avoir vu, peut-être
» Vous vous repentiriez un jour :
» Peut-être vous croiriez volage
» Un cœur dont les feux ſont conſtans,
» Au mélange des ſentimens,
» Qui ſe peignent ſur mon viſage.
» Tantôt complaiſant, tendre & doux,
» Mes yeux & mes traits ſans courroux
» Montrent ma flamme & mon ivreſſe;

» Puis je parais trifte & jaloux,
» Cruel, par excès de tendreffe.
» Oui, je le reproche à mon cœur,
» Souvent un trop brûlant délire
» Vint effacer mon doux fourire,
» Par l'image de la douleur.
» Ah ! laiffez-moi dans le myftère
» D'une obfcurité qui me plaît,
» Et vous adorer & vous plaire.
» Tout mon charme eft dans le fecret:
» Quelque foit fur moi votre empire,
» N'efpérez point me l'arracher.
» Je gagne trop à me cacher,
» Et cet aveu doit vous fuffire:
» Fuyez des plaifirs indifcrets,
» Quel bien en pouvez-vous attendre?
» Ah ! lorfque j'offre à vos attraits
» Un amour fidèle, un cœur tendre,

» Qu'importent ma forme & mes traits »?
« Non, non, dit Psiché plus pressante,
» D'un monstre eussiez-vous la laideur,
» Un tel aveu, votre candeur,
» Votre esprit, en vous tout m'enchante.
» Vous dont la voix est si touchante,
» Ne puis-je fléchir votre cœur?
» Du desir qui me rend si tendre,
» Vous avez redoublé le feu:
» Quel mortel, ou plutôt quel Dieu,
» Par votre voix s'est fait entendre?
» Oui, la douceur de vos accens
» Vient de m'enivrer de leurs charmes:
» Ils ont égaré tous mes sens;
» Hélas! & j'ai perdu les armes
» Que la raison donne aux Amans:
» Croyez-moi, laissez-vous séduire;
» Quel mal en peut-il arriver?

» Ah!

» Ah ! ſur vous ſi j'ai quelque empire,
» Que tardez-vous à le prouver »?
Mais loin de ſe laiſſer ſurprendre,
Par un langage ſi flatteur,
L'Amour, pour hâter ſon bonheur,
Refuſe toujours de ſe rendre.
  Souvent un indiſcret dépit,
A fait éclater la tendreſſe,
Que la pudeur d'une Maîtreſſe,
Cache à l'Amant qu'elle chérit.
« Ah ! pourſuit-elle en ſa détreſſe,
» Barbare ! ainſi vous me laiſſez
» Languir dans le ſupplice extrême,
» De ne point voir l'objet que j'aime !
» Oui je vous aime, en eſt-ce aſſez ? . . .
» Soyez heureux, & paraiſſez ».
  C'en eſt fait ; l'inquiète Amante
A l'Amour tend les bras, gémit,

Et le ſecret qui la tourmente,
Double l'ardeur qui le pourſuit;
Elle s'ignore, elle s'agite,
Et les tranſports délicieux
Qu'elle refuſe, & qu'elle excite,
Ont dénoué ſes longs cheveux;
Ses lèvres, ſes lèvres de roſes
Sont brûlantes, & demi cloſes,
Peignent l'ivreſſe du déſir;
Doucement brille à ſa paupière,
L'humide criſtal du plaiſir;
Tout eſt voilé pour la lumière,
Mais révélé par un ſoupir.
» O toi, dit-elle, ô toi que j'aime!
» Tendre objet de ma paſſion!
» Parais à mes yeux! dis ton nom!
» Ah! céde à mon déſir extrême»!
Nouveau refus, déſir nouveau,

Elle ſe peint ce Dieu plus beau,
Lui tend une main careſſante,
De l'autre, active, impatiente,
Agite, allume le flambeau;
Soudain, étonnée, attendrie,
Dans l'extaſe & l'enchantement,
L'ame éperdue, elle s'écrie . . .
Ah, c'eſt l'Amour! . . . qu'il eſt charmant! . . .
  Elle dit; ſur le char des Heures,
L'Amour auſſi-tôt prend l'eſſor,
Et fuit ces heureuſes demeures;
En vain Pſiché l'y cherche encor;
Pourſuivant l'Amour & ſon rêve,
Vive, tremblante, elle ſe lève,
Fend les rideaux, ouvre les yeux,
Elle retombe, ſe relève,
Chaſſe Morphée & ſes vains jeux.
  Digne objet de la vive flamme

Des Dieux dont vous offrez les traits!
Psiché ! les songes de votre ame,
Vous prêtent de nouveaux attraits;
Ah paraissez ! ... vous êtes belle ! ...
Votre éclat n'a rien d'emprunté;
Oui, votre miroir est fidèle,
Il réfléchit la vérité.

Du matin telle est la toilette;
Simple & séduisant négligé!
Que la Nature seule apprête,
Où l'art encor n'a rien changé.
Quand, après un amoureux songe,
La Beauté s'arrache au sommeil,
Le feu dont ce tendre mensonge
Anime son teint au réveil,
L'impression que dans ses charmes,
A laissé ce rêve enchanteur;
Dans ses beaux yeux cette langueur,

Qui ſuccède aux vives alarmes,
Que vient d'éprouver ſa pudeur ;
Sa ſérénité vive & pure ;
Un voile ſimple & ſans apprêt,
Toujours décent, toujours diſcret,
Et les cheveux à l'aventure,
C'eſt l'ornement que j'ai chanté ;
Les vrais atours de la beauté,
Sont l'ouvrage de la Nature,
Et ſa plus brillante parure,
Les roſes de la volupté.

Hommage à la Beauté touchante !
Dont j'emprunte aujourd'hui les traits,
Dont j'ai recueilli les attraits,
Pour embellir ceux que je chante ;
Si Jupiter voulut un jour
Que Pſiché devint immortelle,
O Zélis ! ſon parfait modèle,

Pour les Grâces, & pour l'Amour,

Ah! puissiez-vous l'être comme elle!

F. Le Clerc inv. Louis Le Grand Sculp.

LES QUATRE HEURES
DE LA TOILETTE
DES DAMES.

POËME.

CHANT SECOND.

DIANE ET SCAMANDRE.

J'AI chanté l'heure du réveil,
Du premier négligé des Belles,
Tous les charmes qu'un doux sommeil
Ajoute aux grâces naturelles;
Guidé par les heures du jour,
Par le brûlant flambeau du monde,
Au sein pur & calme de l'onde
Je vais suivre & chanter l'Amour.
Phébus incessamment rallume,

Raſſemble, épuiſe tous ſes feux
Sur l'hémiſphère qu'il conſume;
Mais enfin ſes courſiers fougueux,
Se rapprochent de la barrière,
Que l'horiſon préſente aux yeux,
Bientôt leurs torrens radieux
Laiſſeront reſpirer la terre,
Bientôt s'accomplit dans les cieux,
Le vœu de la Nature entière.

C'eſt après la chaleur du jour
Que la ville eſt plus agiſſante,
L'ouvrière plus vigilante,
Eſt active à parer l'Amour;
Travaillez eſclaves des Belles,
Vous irez dans quelques momens
Répandre les modes nouvelles,
De vos gazes, de vos rubans,
De vos fleurs, & de vos dentelles,

Qu'auront tiſſus vos doigts charmans.
Artiſans des travaux faciles,
Vous ſouffrez peu des élémens;
Mais la fatigue a dans les champs
Des loiſirs que n'ont point les villes;
Après des veilles difficiles,
Pan, au bruit de ſon chalumeau,
Ranime la vive Bergère,
Qui foule gaiement la fougère,
Laiſſant à l'écart ſon troupeau.
Plus loin, ſur les bords d'un ruiſſeau,
Cette Blonde aſſiſe à l'ombrage,
S'abandonne au zéphir volage,
Qui vient la trouver ſous l'ormeau,
Et ſe rafraîchit du laitage,
Que l'on apporte du hameau.
Ici, le grand Dieu de la tonne,
Au ſommet d'un côteau voiſin,

Chante l'Amour sa coupe en main,
Et le vendangeur qu'il couronne
Répète avec lui le refrain;
Quand de nos forêts la Déesse,
Au bruit des échos éclatans,
Répétés, redoublés sans cesse,
Ramène ses chiens haletans;
C'est pour les rives du Scamandre,
Qu'elle s'éloigne de ces bois.
« Quoi, dit ce Dieu, qui vient se rendre
Sur son rivage, au bruit des voix,
» Est-ce Diane que je vois?
» Par elle aurai-je dû m'attendre
» A jouir un jour de mes droits!
» Ah ! chantez sur vos tendres lyres,
» Immortels de tous les empires,
» Chantez l'honneur que je reçois ».
Entourez votre souveraine,

Nymphes qui portez le carquois!
Empreſſez-vous tout à la fois
Beauté qui fleuriſſez la plaine;
Faunes, Satyres, & Sylvains,
Mêlez-vous aux jeunes Driades;
Deſcendez troupes d'Oréades;
Joyeux Amans des jours ſereins
Accourez, volez, les Nayades
Vous appellent à leurs feſtins;
Célébrez ces pompeuſes fêtes,
Que Scamandre donne en ſes eaux;
Il eſt tems, couronnez vos têtes,
Scamandre eſt ſorti des roſeaux;
Demain la ſévère Diane,
Laiſſe éclater ſa paſſion,
Demain elle devient prophane,
Elle rougit & ſe condamne,
Mais elle épouſe Endymion;

Aujourd'hui, paiſible & rêveuſe,
Le regard tendre & languiſſant,
La fière & cruelle Chaſſeuſe,
Tombe au ſein du Dieu careſſant,
Qui s'empare de la Baigneuſe,
Et l'effraie en la ſaiſiſſant;
Telle, une jeune Néréïde,
D'un œil craintif & curieux,
Contemple un Satyre orgueilleux,
S'avance, & recule timide :
Telle, Diane approche & craint,
Prend la main du Dieu qui l'attire,
Mouille une jambe, la retire,
Et voudroit être dans le bain;
Elle ſent ſe radoucir l'onde,
Et briſant le vaſte miroir,
De toutes parts l'écume abonde,
Groſſit & blanchit l'antre noir;

Alors ſes Nymphes l'abandonnent,
Mais les Tritons qui l'environnent
Ont plongé pour la recevoir;
Chaque Triton que l'onde arroſe
Lui prend & lui rend un baiſer,
Chacun d'eux careſſe une roſe,
Et la cueillir, & l'arroſer,
N'eſt pour eux qu'une même choſe;
Ainſi l'on voit mille torrens
Entraîner des fleurs échappées
Du ſein des riantes nappées,
Qui ſe baignent dans leurs courans.
« Raſſurez-vous, chaſte Déeſſe!
S'écria Scamandre enchanté,
» L'humide eſſain qui vous careſſe
» Vous prépare à la volupté,
» Sans offenſer votre ſageſſe;
» Déſormais ne rougiſſez plus

» Du beau penchant qui vous amène ;
» Préférez l'amoureuſe chaîne,
» Au triſte honneur de vos vertus ;
» Cédez au Dieu qui vous entraîne,
» L'eſclavage eſt dans le refus ;
» L'eſclavage eſt bien plus encore
» A vouloir brûler en ſecret :
» Que de gêne à cacher l'objet
» Qui vous fait devancer l'aurore,
» Et vos Nymphes dans la forêt !
» La nuit, pour vous ſeule indiſcrette,
» Malgré vos ſoins, apprit aux Dieux
» Que vous quittez ſouvent les cieux,
» Pour une plus douce retraite ;
» Oui, lorſqu'avant le point du jour,
« Vous partiez pour aller attendre
» Sous un feuillage, en un détour,
» Un cerf que vous vouliez ſurprendre,

» On connaiſſoit le Berger tendre,
» Que vous alliez voir à l'entour ;
» Tout le myſtère ſe révèle,
» Caliſto rentre à votre cour,
» On parle aux cieux de ſon retour,
» Et l'on ſourit de la nouvelle ;
» Ceſſez, ceſſez d'être cruelle,
» Chacun doit aimer à ſon tour,
» Puiſque l'Amour vous fit ſi belle,
« Embelliſſez auſſi l'Amour ».

A ces mots, Diane confuſe,
Voyant ſon ſecret révélé,
Regrette le tems écoulé
Loin du Dieu que ſon cœur accuſe ;
Et ſoudain, en mêlant des pleurs
Aux flots de l'onde fugitive,
« Que dois-je faire en mes malheurs,
» Dit-elle, ô Dieu de cette rive !

» Au moins que par vous le destin
» Soit propice au nœud qui s'apprête » !
En parlant de ce doux lien,
Le souvenir de sa défaite
Rougit l'albâtre de son teint ;
Sur les flots toute la Nature
Semble voler pour l'embellir ;
Les replis de sa chevelure
Sont soutenus par le Zéphir,
Parfumés des mains du Plaisir,
Et bouclés sous les doigts des Grâces ;
(Car les trois Sœurs suivent ses traces,
Autant que les pas de Cypris)
Sur Euphrosine & sur Thalie,
Comme Vénus, elle s'appuie ;
La troupe des Jeux & des Ris
Se joue & s'empresse autour d'elle ;
De Paphos on croit voir la cour,

Et

Et du carquois de la cruelle,
Partent les flèches de l'Amour.
Tous les Dieux de l'onde à la nage,
Ou voguant ſur leur coquillage,
Sont accourus au bain charmant;
Ils attendent qu'un mouvement
Preſſant le tapis qui vacille,
Découvre un charme à l'œil habile
Qui le ſaiſit avidement;
Et perçant l'humide étendue,
Qui cache Diane à Phœbus,
Ils jouiſſent tous de ſa vue
Et de l'effroi de ſes vertus.
Le ſon de la conque adoucie
Chante la fête & la publie:
Echo, par ſa voix, dans les airs
Double l'accord, & s'y marie;
Et Narciſſe, l'ame attendrie,

Devient ſenſible à ſes concerts.

J'ai peint le ſéjour que contemple
Des forêts la divinité,
Où le Fils de Doris raſſemble
Le Sexe qu'Hymen a flatté :
Les Dieux fortunés ont un Temple
Par-tout où brille la beauté.

Voici l'inſtant où Périſthère,
Exercée à cueillir des fleurs,
Les sème, aſſortit leurs couleurs
Sur une natte de fougère ;
Vers ces gazons, ſur ces tapis,
C'eſt-là, non loin de ces rivages,
Que l'aîle des plaiſirs volages,
Enfans aimables & ſoumis
Aux Belles, aux Rois, aux vrais ſages,
A tranſporté du ſein des eaux,
La ſouveraine enchantereſſe ;

Endymion ! vois ta maîtreſſe
Couchée au frais de ces berceaux !
Que n'es-tu déja ſous ce dôme ?
Myrthe, oranger, roſier, lilas,
En l'ombrageant, verſent leur baume
Sur ſes voluptueux appas ;
Quel charme ajoûte à la Nature
Le doux pinceau d'une onde pure !
Il vient d'arrondir les contours
De cette beauté renaiſſante ;
Son ſang, plus calme dans ſon cours,
Porte aux traits ſa langueur touchante,
Les polit, les éclaircit tous ;
Sous l'ivoire plus tranſparente
Le bleu des veines eſt ſi doux !
Sa bouche paraît plus vermeille ;
Ses yeux ſereins peignent l'Iris :
C'eſt l'Aurore qui ſe réveille,

Ou c'eſt le coucher de Thétis;
Et l'amoureuſe rêverie,
Où plonge la fraîcheur du bain,
En colorant un peu ſon teint
Décèle ſon ame attendrie;
Heureux Berger de la Carie!
Veux-tu remettre au lendemain?
D'une voix tendre & languiſſante,
Qui s'éteint avec le ſoupir,
La beauté gémit dans l'attente,
Et c'eſt toi qui la fais gémir!
J'entends ſa plainte ſi touchante
Qu'apporte l'écho du Zéphir.
« C'eſt ainſi, reproche Diane
Au Berger qui ne l'entend pas,
» C'eſt ainſi que ton cœur profane
» Près de l'Hymen fuit ſes appas?
» Lorſque tu briguais ma tendreſſe,

» Tu sçavais plaire à ma fierté
» En flattant ma délicatesse;
» Tu m'attendais avec adresse
» Dans les lieux où la Volupté
» Cherche l'onde qui la caresse,
» Ou l'abri du jour qui la blesse:
» Jamais tu n'en fus écarté:
» Aujourd'hui, sûr de mon ivresse,
» Tu n'as plus ta fidélité,
» Et tu te ris de ma foiblesse
» Au sein de la félicité.
Ton Berger est fidèle & tendre:
Non, Diane, il n'a pu changer;
Mais l'Amour, que tu fis attendre,
Par un retard veut se venger.
Un oiseau qui vient voltiger,
Le moindre souffle du Zéphire
Peut faire, au bruit le plus léger,

Palpiter un cœur qui desire.
Diane, avec saisissement,
L'œil fixe, apperçoit autour d'elle,
Dans les branches, le mouvement
D'un jeune arbrisseau qui chancelle:
» C'est lui!... non.... quel affreux tourment!
» Dieux! que la distance est mortelle!
» Ou qu'il avance lentement!
Vole, Berger, Diane attend,
Elle soupire, elle t'appelle:
Hélas! quoiqu'on trouve souvent
Volage Amante, Amant fidèle,
On voit avec peine l'instant
Où, pour venger le sentiment,
L'amour dispose d'une Belle
En faveur d'un Berger trop lent.
  Enfin, du côté du rivage,
Le doux bêlement d'un agneau,

Le ſon faible d'un chalumeau,
En pénétrant dans le bocage,
Ont calmé cet amer langage
Contre le maître du troupeau.
» Reviens, reviens, je te pardonne,
S'écria l'Amante à ce bruit;
» Vas, mon couroux s'évanouit,
» Et dans mes mains eſt ta couronne ».
Ce n'eſt plus une fiction:
Oui, je le vois qu'amour devance;
Le reproche eſt ſon aiguillon:
Nymphes, ayez de la prudence;
Au défaut de la jouiſſance
Ménagez-vous l'illuſion,
Fuyez, Endymion s'avance.
Heureux cent fois l'Endymion!
Heureux l'Amant fidèle & tendre
Qui voit l'objet de ſes liens

Ne quitter les bras du Scamandre
Que pour s'oublier dans les ſiens!

LES QUATRE HEURES
DE LA TOILETTE
DES DAMES.

POËME.

CHANT TROISIEME.
LE PETIT POT DE ROUGE DE JUNON.

LORSQUE j'ai peint la fraîcheur vive
Que l'amour & l'effet du bain
Ont ſçu répandre ſur le teint
De la pudeur tendre & craintive,
Beauté d'un éclat enchanteur!
Je t'ai laiſſée en un bocage,
Livrée au plaiſir ſéducteur,
A l'ombre d'un épais feuillage;
Mais aux branches de ces ormeaux

Je vais ſuſpendre mes muſettes,
Et je vole du ſein des eaux
Au ſéjour brillant des Toilettes.

Le Soleil nous paroît au loin
De ſon arc occuper le reſte,
Et toucher la Terre en un point,
Au bas de la voûte céleſte:
L'éclat fatigant de ſes feux
Vient de ſe perdre dans l'eſpace:
Au terme conſtant de ſa trace
Son jour n'offenſe plus les yeux;
Et pénétrant dans l'interſtice
Des rideaux du Temple d'Amour,
Répand ce tendre demi-jour
A la Toilette ſi propice.

Dans l'amoureuſe obſcurité
Où l'Art careſſe la Nature,
Au fond de ce Temple enchanté,

S'élève un trône où la parure
Se marie avec la beauté ;
Où, voyant ce beau mariage
Se répéter par les reflêts
Du miroir qui peint ſon image,
L'Amour ſourit à ſon ouvrage,
Et le plaiſir à ſes attraits ;
Où viennent folâtrer ſans ceſſe
Et les jeux charmans & les ris ;
Où l'aimable enfant de Cypris
Aiguiſe le trait qui nous bleſſe,
Dicte en riant ſes douces loix,
Et pour ſa victoire aſſurée
Remplit de flèches le carquois
Qu'il épuiſe dans la ſoirée ;
Où les Dieux du volage eſſain
Tiennent, élevés ſur ce trône,
Des Graces la noble couronne

Que treſſa leur galante main,
& la guirlande que l'Automne
Ne flétrit jamais ſur leur ſein.
C'eſt là qu'une Nymphe infidèle,
Pour embellir une mortelle,
Vient d'apporter le fard divin
Dont Junon colore ſon teint,
Et ſans redouter ſa colère,
Travaille à lui donner ſoudain
Une égale dans l'art de plaire.
  La charmante Europe eſt l'objet
De ce larcin qu'amour pardonne,
Qu'il applaudit & qu'il couronne,
Puiſque lui-même eſt du ſecret.
Malgré le deſir qui la preſſe
D'uſer du fard de la Déeſſe,
Elle en prévoit trop le danger;
Avec raiſon elle balance,

Elle tremble de l'outrager.
Une jalouse qu'on offense
Est toujours prête à se venger.
« Que la nuance en est parfaite!
Dit Europe en le regardant;
» A mon teint il ressemble tant!
» La furtive Nymphe est discrette,
» Le bien des jaloux est tentant....
Europe vole à sa toilette.
  Un simple voile en un instant
Abandonne le sein qu'il cache:
Dieux! que d'attraits! mais promptement
Un voile plus ample s'attache;
Léger transparent de linon
Sur ses épaules se déploie:
Linon charmant! que l'art emploie
Pour le coup d'œil de la raison!
Dans ses replis flotte, s'égare

Sa chevelure au clair châtain,
C'eſt Aglaë qui s'en empare
Et la façonne de ſa main;
Et ſes deux ſœurs, d'intelligence,
Ayant chacune leur deſſein,
Attendent leur tour en ſilence;
Leurs triomphes ſe préparaient;
Que ferait l'aimable parure,
Quels charmes aurait la nature
Si les Graces ne s'en mêlaient?
  Cherchant ſon fils, ou curieuſe,
Ou bien comme une autre envieuſe,
Dans ce ſéjour paraît Vénus,
Elle s'y montre ſans myſtère,
Europe en triomphe bien plus,
L'Amour y méconnaît ſa mère.
Plus agiles que le Zéphir,
Quatre Nymphes à demi-nues

Préparent ce qu'il faut offrir;
Mille attraits, les aîles tendues,
Sont toujours prêts à s'élever;
Les loiſirs ont fait arriver
Le Dieu d'Epidaure à Cythère,
Eſculape, aſſis dans un coin,
Change ſon art en l'art de plaire,
Pour que ſon grave miniſtère
Soit appellé dans le beſoin;
La Santé, fille du bel âge,
Y pétrit auſſi ſes couleurs,
Et Comus en chapeau de fleurs
Préſide à tout l'Aréopage.

« Qu'allez-vous faire! s'écria
Le Dieu des Graces qu'il ſurveille,
» Belle Europe! tout vous conſeille
» De vous épargner ces ſoins-là.
» Quand ſur vous la riche Nature

» Epuiſa ſes plus beaux attraits,
» La richeſſe de la parure
» Eſt un outrage à ſes bienfaits;
» Que du ſein de la vive Flore,
» Les Plaiſirs, les Jeux enchanteurs
» Détachent en riant les fleurs
» Que pour vous elle fit éclore;
» Quand ſur vos longs cheveux flottans
» L'Amour aura ſemé les roſes,
» Les bouquets de fleurs demi-cloſes
» Qu'auront cueillis ces Jeux charmans,
» Prenez l'habit d'une Bergere,
» Le bavolet, le corſet blanc,
» Des guirlandes pour ornement,
» La houlette & la pannetiere,
» Tout le champêtre ajuſtement,
» Puis au courant d'une onde pure
» Allez ſans crainte vous mirer,

» Et

» Et vous verrez que la Nature
» Doit elle feule vous parer ».
L'embarras de la modeftie,
Dont Europe s'eft embellie
Par l'éloge de fes attraits,
De fa rougeur les colorie:
Un fouris prépare en fes traits
Ces mots délicats & difcrets
Dont cette rougeur eft fuivie.
« Dans les Villes & dans les Cours,
» Dieu galant, je fuis affervie,
» Et l'on n'y prend point les atours
» Des Bergères de Phénicie:
» La Nature, belle en vos champs,
» Serait moins belle dans nos villes,
» Et fes parures font utiles
» Si fes traits en font plus touchans.
» Ces guirlandes, ces fleurs nouvelles,

» Qui paraiſſent éclore exprès,
» Qui ſemblent rechercher les Belles,
» Se déſeuillent pourtant près d'elles:
» Dieux! quels ſoupirs & quels regrets!
» Si l'art négligeait les ſecrets
» Qui font les roſes immortelles.
» L'Automne, ſous la main du Temps,
» Vient-elle faner ſes bluettes,
» Alors, par des doigts conſolans,
» Voyez renaître ſur nos têtes
» Les violettes du Printemps:
» Pour moi, ce n'eſt que par uſage
» Si je laiſſe aux traits du bel âge
» Mêler un éclat étranger,
» Et les Grâces font leur ouvrage
» Sans aucun art, ſans y ſonger ».
Voici les Muſes en cortège
Qui viennent briguer leurs ſuccès:

Les Talens en ont-ils jamais
Si la Beauté ne les protège?
C'eſt dans ce ſéjour clandeſtin
Que Thalie eſt ſans brodequin,
Et Melpomène ſans cothurne,
Implorant la voix du Deſtin
Pour ſe rendre propice l'Urne:
On entre, & ſoudain une voix
Inconnue & faible s'élève,
D'Erato c'eſt un jeune élève
Parlant pour la première fois:
« Belle Europe, accueillez l'hommage
» Du choix de mes premiers tableaux;
» Pour chef-d'œuvre de mes pinceaux
» J'oſai crayonner votre image.
» Au rang, ou compagne des Dieux,
» Placée au Temple de Mémoire,
» Je pouvais célébrer la gloire

» Que vous partagez avec eux;
» Mais voyant l'Amour ſur vos traces,
» Je ſuivis un penchant plus doux,
» A vos côtés j'ai peint les Grâces,
» Et l'Univers à vos genoux.
L'Auſtère & timide Décence
A découvert ſes yeux baiſſés,
Un regard eſt la récompenſe
Dont le Tibulle eſt carreſſé;
Europe, à ſon air d'indulgence,
Semble couronner en ſilence
Chaque mot qu'il a prononcé.
Telle de Paphos la Déeſſe
En ſon Temple, aux jours ſolemnels,
Avec ſa grace enchantereſſe,
Reçoit tous les vœux des mortels.
Mais Europe a reçu l'hommage
De tous les enfans d'Apollon:

Déjà l'ambre de Phaéton
Des cheveux colore l'ouvrage,
Et l'on retourne à l'Hélicon.

Toujours lentes, toujours tardives,
Au-delà du temps ordonné
Perinna, Cyrille, Arachné
Apportent ces gazes naïves,
Ces blondes, ces rubans nués
Que le bon goût a façonnés;
Ces guirlandes, ces broderies,
Cet appareil si séduisant;
Ces nuances tendres, fleuries,
Image d'un sèxe charmant.
De tous ces choix, de tou ces goûts
L'œil incertain paraît avide,
Il semble les préférer tous,
Il a besoin qu'on le décide;
Bientôt les choix seront connus,

Les plus délicats vont paraître;
De Jupiter je vois un Prêtre
Servir aux Autels de Vénus.
  A l'inſtant la plume s'attache,
Je crois voir Mars en ce beau jour
De ſon caſque ôtant le panache,
Le partage avec l'Amour.
  Paraiſſez myſtérieux vaſe
Qui renfermez mille plaiſirs!
En ajoutant à nos deſirs
Source du feu qui nous embraſe!
Paraiſſez aimable trompeur!
Nouvelle boëte de Pandore,
Dont le merveilleux coloris
Flatte la jeuneſſe d'Aurore
Et la vieilleſſe de Baucis!
Aiguillon des Brunes piquantes,
Nuances des Blondes touchantes,

Tréſor de la demi-beauté,
Qui pouvez la rendre adorable,
Et la laideur plus ſupportable
Par votre effet illimité !
En paraiſſant ſur ſa toilette,
Donnez lieu, pour l'intéreſſer,
De dire à la beauté parfaite,
Vous auriez pu vous en paſſer.
Découvrez-vous, que l'on vous poſe
Sur ces frais lis, ſur ce jaſmin;
Effleurez ce duvet de roſe,
Dont Thalie approche la main.
Sous cette main je vois paraître
Par degrés un charme nouveau;
C'eſt un Amour qui vient de naître
A chaque trait de ſon pinceau:
L'éclat du teint devient extrême;
Ses yeux plus vifs, plus animés,

Lancent des rayons enflammés;
Europe s'ignore elle-même;
Tous les regards sont éblouis;
De Junon la Nymphe infidèle
Prétend que Junon est moins belle;
Comus, les Grâces sont surpris,
Et vingt fois l'Amour bat de l'aîle;
Richesse offre son diamant
Etincelant dans la parure,
Alcméon son collier charmant,
Et les trois Grâces leur ceinture.

Mais que vois-je! sur ce séjour
D'attraits, de riantes images!
Quel amas de sombres nuages
D'un crêpe enveloppe le jour!
Et des profondeurs de la nue
Quel bruit, quel affreux roulement,
Au sein de la Cour éperdue

Jette un morne ſaiſiſſement!
Les Aquilons ſemblent combattre,
Diſputer la place aux éclairs,
A cent quarreaux prêts de s'abattre
Sur ce ſeul point de l'Univers:
Ce ne ſont plus ces mains légères
Qui des rubans formaient les nœuds,
Et ſe plaiſaient en cent manières
A transformer ces longs cheveux;
Ce n'eſt plus cette grace habile
A les parſemer de ſes fleurs;
Ce n'eſt plus cette Nymphe agile,
Attentive au choix des couleurs.
Au bruit de la foudre mortelle
Tout tremble en ce triſte boudoir;
L'effroi de la Nymphe infidèle
En augmente le déſeſpoir.

Faiblement ſortant du ſilence,

J'entends des cris plaintifs & doux.
Vents & tonnerre appaifez-vous!
Si jamais la Beauté t'offenfe,
Ciel! que fes pleurs en récompenfe
Doivent bien calmer ton courroux!
Vois la pâleur fur ce beau front!
Et mets un terme à la vengeance
Que femble déployer Junon.
Oui, c'eft elle qui, furieufe,
Par l'effet jugeant du larcin,
Des attraits d'Europe envieufe,
Fane les beaux lis de fon teint:
On l'entend fe plaindre au Deftin,
Et de la Beauté qui s'oppofe
A fon triomphe en l'effaçant,
Au Deftin, d'un cri menaçant,
Demander la métamorphofe.
« Europe! qu'on te change en rofe,

S'écria l'Amour gémiſſant,
» Au moins, à l'abri des alarmes
» Qui ſuivent des attraits vainqueurs,
» Tu ne perdras pas tous tes charmes,
» Tu conſerveras tes couleurs :
» Tous les matins avec l'Aurore
» Sur toi j'irai verſer des pleurs ;
» Tu connaîtras que je t'adore
» Quand je pleurerai tes malheurs ;
» Alors, ſi tu peux bien m'entendre,
» Si tu m'entends encor gémir,
» Sans délai fais le moi comprendre ;
» Pour prix d'un ſouvenir ſi tendre,
» Fais effort pour t'épanouir ».
Au ſein d'une volupté pure,
C'eſt ainſi que le tendre Amour
Charme la peine qu'il endure,
Conſolait Europe & ſa Cour :

Mais le vent qui les inquiette
Partage un voile qui s'enfuit;
Tout devient calme, le jour luit,
Et l'on achève la toilette.

Sous la fraîcheur du taffetas
D'Europe alors la taille brille;
Dans le moment qu'elle s'habille
Minerve admire & ne peint pas.
C'eſt enfin la fleur de Narciſſe
Qui va compoſer ſon bouquet;
Si c'eſt en faveur de l'objet
Qui cauſa ſon affreux ſupplice,
Beau Narciſſe conſole-toi
D'une heureuſe métamorphoſe!
Peut-on être amoureux de ſoi
Lorſqu'on eſt près de cette roſe?

C'en eſt fait, Europe à ſa Cour
Rend hommage de ſa parure,

Chacun lui répond tour à tour,
Qu'aurais-je fait fans la Nature?
Souris charmant, vive fraîcheur,
Traits féduifans, port de Déeffe,
Cette douceur enchantereffe
Qui peint l'image de fon cœur,
Oui, c'eft ainfi que fa toilette
Eft un vrai larcin fait aux Dieux;
Un teint de lis & des yeux bleus
Sont la Beauté la plus parfaite
Qui brilla jamais fous les cieux.
Olympe jaloux! tu t'étonnes?
Non, jamais tes Dieux n'ont rien fait
D'auffi touchant, d'auffi parfait;
Pour qui font faites tes couronnes?
Mais contre l'ordre fouverain,
Ah! ne murmurons point encore!
Sous la voûte qu'elle colore,

Le front calme, l'olive en main,
Iris annonce le deſtin
D'Europe que la Terre adore.
« De Junon ne crains plus les coups,
» Jupiter a pris ta défenſe;
» Vas jouir du ſort le plus doux,
» Vas faire mille autres jaloux
» Loin des lieux où tu pris naiſſance ».
Europe diſparaît ſoudain,
Le Maître des Dieux s'en empare,
Sur les flots l'emporte, l'égare
Aux lieux où l'attend ſon deſtin.

Sèche tes pleurs, malheureux père!
Agénor, attends que tes fils
Cilix & Phenix réunis,
Aient contemplé le ſort proſpère
D'une fille que tu chéris.

A l'inſtant qu'au ſortir de l'onde

A brillé l'éclat de Junon,
Une des quatre parts du Monde
D'Europe auſſi-tôt prend le nom;
Et dans leur courſe vagabonde
Ses frères ainſi dirigés,
Aiſément ſe ſont ménagés
Le doux plaiſir de la ſurprendre.
Des Etats qu'ils ont parcourus,
Où de leur ſœur ſe fait entendre
L'éloge prompt à ſe répandre
De ſes attraits, de ſes vertus,
Un Peuple aimable les arrête;
De la Reine qu'il admirait,
Qu'au fond du cœur il adorait,
Dont le nom par-tout ſe répête,
Devenus bien-tôt les Sujets,
Cilix, Phénix, en ſon palais,
Trouvent Europe à ſa toilette!...

Europe eſt la beauté parfaite
Pour qui j'ai formé mes portraits.

S. le Clerc inv. 1777

LES QUATRE HEURES
DE LA TOILETTE
DES DAMES.

POËME.

CHANT QUATRIEME.
APOLLON ET THÉTIS.

Si ma muſe, en vantant le fard,
Fit une indiſcrette peinture,
Zélis! d'une aimable impoſture
Ne rougiſſez point à l'écart;
On n'offenſe point la Nature
En l'embelliſſant d'un peu d'art:
Voici l'heure où de la Parure
Les Belles quittent le ſéjour,
Pour goûter, après un beau jour,

Le repos de la nuit obſcure,
Qui prête ſon voile à l'Amour.

Dieu de la lumière du Monde!
Et des beaux Arts ſource féconde!
Viens me remplir de feux nouveaux,
C'eſt pour toi mes derniers tableaux!
Je vais chanter, & ton abſence,
Et tes amours, & ton repos
Dans l'humide empire des flots
Où tous les ſoirs ton char s'élance.
Tendre Apollon! inſpire-moi
Par ton charme, par ta puiſſance,
Ces vers doux qui, par leur cadence,
Sont dignes de parler de toi.

Apollon, l'amant de Clytie,
De Leucothoé, de Daphné,
Eut pour elles pendant leur vie
Plus d'un délire infortuné;

Mais pour Thétis, Thétis chérie,
C'eſt pour jamais, c'eſt ſans retour
Qu'il reſſent, que ſe renouvelle
Le feu de l'immortel amour
Dont il ſe conſume pour elle.
Tendre & fidèle, ardent & doux,
Par degrés lents Apollon touche
De Thétis l'amoureuſe couche,
Y deſcend & s'enfuit pour nous.
Pendant qu'une moitié du monde
Reçoit ſes rayons amortis,
Les Dauphins du char de Thétis
Vont repoſer au ſein de l'onde,
Et Thétis eſt dans ſon palais.
Tombez, étoffes azurées!
Laiſſez éclater ſes attraits;
Gazes qui nous voilez ſes traits,
Serez-vous bientôt ſéparées?

Oui, ce beau jour fera changé
En nocturnes apollonies;
Les nombreufes Océanies
Mettent leur mère en négligé;
Le voile jaloux qui la preffe
Eft bien prêt à fe défunir;
La pourpre, l'or & le faphir
Quittent la charmante Déeffe;
On voit mieux fes nobles contours;
L'Art a fui, la feule Nature
Eft d'accord avec les Amours;
Thétis n'a pour toute parure,
Quand le Soleil finit fon cours,
Que des trois Grâces la ceinture;
Sa treffe blonde orne au hafard
Ses épaules à demi nues;
Par-tout les Grâces ingénues
Paraiffent fe jouer de l'art;

Et de ſa couleur menſongère,
Et de tout l'éclat du carmin,
La nuance la plus légère
En reſte à peine ſur ſon teint:
Dans ſes eaux Flore ſe repoſe,
Sa douce haleine s'y répand,
Et Zéphir, en ſe balançant,
Rafraîchit les airs de la roſe
Qu'il effeuille en ce lieu charmant;
Le parfum brûle dans les vaſes,
Et déja l'on vient d'apporter
L'écharpe & les décentes gazes
Que Thétis doit bientôt quitter.
  Amour! au moment qui s'apprête,
Amour! de quels ſombres ennuis,
Parmi l'éclat de cette fête,
Eſt chargé le front de Thétis!
Je vois pourtant une couronne

De myrtes que le Plaiſir donne,
De ſa main cueillis & treſſés,
Et ſur tout ce qui l'environne
Je vois deux noms entrelacés.
Mais un drap de pourpre colore
Les bords ſereins de l'horiſon,
Tel qu'au matin l'offre l'Aurore
En ſortant du lit de Tithon.
Près du voile azuré qu'il dore
Quels accens entend Apollon?
C'eſt la plainte d'un cœur fidèle,
Hélas! c'eſt la voix de Thétis!
« Quoi! tu viens dans mes bras, dit-elle,
» Porter tes feux pour Chryſéïs!
» Tu trahis la Nymphe nouvelle
» Qui t'inſpire un nouvel amour!
» Après avoir, durant le jour,
» Pourſuivi par-tout cette Belle

» Tu l'abandonnes pour ma Cour!
» Quoi! la tendresse est sans asyle
» Chez les mortels & chez les Dieux!
» Une félicité tranquille
» Ne peut donc plus les rendre heureux!
» La fidélité gémissante
» Ne sçait où reposer ses yeux,
» Il n'est Amant qui ne la vante,
» Elle est proscrite dans tous lieux:
» Du Dieu qu'à Paphos on adore
» Ainsi l'Autel est abattu,
» Et quel empire éclaires-tu
» Où l'on sçache s'aimer encore?
» Autrefois, penché sur mon sein,
» Lorsque tu répandais ces larmes,
» Dont, sur le soir d'un jour serein,
» Tu baignais doucement mes charmes,
» Combien tu formais de sermens

» Ivre d'une naiſſante flamme !
» Nous reſpirions d'une même ame,
» Nos cœurs avaient mêmes élans,
» Parjure ! & tu briſes ſans peine,
» Et ſans effort, & ſans douleur,
» Les nœuds d'une amoureuſe chaîne
» Dont il faut arracher mon cœur !
» J'ai ſacrifié pour te plaire
» L'Epoux que m'ont donné les Dieux ;
» Aujourd'hui ton cœur me préfère
» Une Beauté qui te plaît mieux,
» Mais cet autre objet qui t'engage,
» A ſon tour bientôt gémira :
» Pour moi, de ta flamme volage,
» De ma perte, de ton outrage,
» Un autre Dieu me vengera ».
Apollon vers cet hémiſphère
N'oſe pencher, on l'en bannit ;

Il a terminé ſa carrière,
Comment faire place à la Nuit?
Volages Amans de la Terre!
Dans quel embarras aujourd'hui
Voit-on le Dieu de la lumière:
Amynthe eſt plus heureux que lui,
Il eſt auprès de ſa Bergère.
« Ne crains pas que pour Chryſéïs,
» Pour toute autre! je t'abandonne,
Répond Apollon à Thétis;
» Loin de ſon Amante fidelle
» On peut s'oublier quelquefois,
» Mais le cœur toujours vous rappelle
» A l'objet de ſon premier choix.
» Chercherai-je dans la Nature
» A plaire à de nouveaux objets?
» Non; jamais la Volupté pure
» Ne m'offrirait ſes biens parfaits:

» Au fein des plus rares attraits
» J'entendrais toujours le murmure
» De mon amour & mes regrets.
« Je te regretterais de même,
» S'écria Thétis à fon tour;
» Quoi! le Dieu des Arts & du Jour
» Verfe des pleurs fur ce qu'il aime »!
Elle dit; & fur l'horifon
Une main douce & careffante,
Que la pudeur lui rend tremblante,
A faifi la main d'Apollon.
Soudain leurs baifers fe confondent,
Preffent, répètent leurs foupirs,
Et les échos au loin répondent
Aux tendres accens des plaifirs;
Thétis plus touchante eft plus belle,
Ses tranfports font plus vifs, plus doux;
Apollon redouble pour elle

Tous les feux qu'il éteint pour nous,
Et ſa flamme eſt toujours nouvelle.
Tel, après les travaux du jour,
Un tendre Époux, à ſon retour,
Vient près d'une Épouſe chérie
Charmer les peines de ſa vie,
Et les oublier par l'amour;
Tel, en ſa courſe terminée,
Apollon commençant les nuits,
Vient ſur la bouche de Thétis,
Cueillir le prix de ſa journée:
Délire ne finiſſez pas;
En prodiguant tous vos appas
S'il ſe peut redoublez ſans ceſſe.
Dieux! lorſqu'on a brûlé long-temps
Pour un digne objet de tendreſſe,
Quelle volupté! quelle ivreſſe!
Dans les baiſers de deux Amans:

Une félicité profonde
Enivre ce couple immortel;
Les Dieux de la Mer & du Ciel
Ont oublié la Terre & l'Onde.
  Chaque image de leurs plaiſirs
Se peint dans le miroir immenſe,
S'y réfléchit & s'y balance;
Les flots murmurent leurs ſoupirs,
Se preſſant avec nonchalance;
Le Triton ſe ſent agiter,
La Nymphe écoute ſon martyre;
Enfin Thétis en ſon empire
Voit ſes plaiſirs ſe répéter:
La Nuit dérobe ce myſtère
Aux regards des mortels jaloux;
Apollon, en quittant la Terre,
Donne l'exemple aux rendez-vous.
Imitez ce charmant modèle,

Tendre Amante, Épouſe fidèle,
Heureux Amans, heureux Époux.
Déja dans toute la Nature
On vole à ſon objet chéri;
La jeune Abeille au pré fleuri
Vient ſe jouer ſous la verdure;
Le Ramier dans le fond des bois,
Par ſon roucoulement appelle
Sa Compagne tendre & fidelle
Qui bat des aîles à ſa voix;
J'entends la Perdrix qui réclame
Au milieu des ſillons touffus,
Et le Cerf, d'une ardente flamme,
Cherche la Biche à pas confus;
Chaque Être vers ſa ſolitude
Se joint, s'évite, ſe pourſuit;
Tous dans le ſombre de la nuit
Marchent avec inquiétude:

Sur les gazons plane Zéphir,
Tendrement careſſe à plaiſir
Le ſein frais de la jeune Flore ;
Tithon rajeuni par l'Aurore
Lui prodigue de nouveaux feux ;
Plaines, vallons, monts & bocages
N'ont que des hôtes amoureux,
Et les Habitans des Villages
Trouvent le moment d'être heureux :
Alain auprès de ſa Bergère
Ne voit plus rien à deſirer ;
Dans les ſoucis de la misère
L'Amour vient encor enivrer
Le malheureux dans ſa chaumière ;
Léandre eſt prêt à ſe noyer
Pour Héro la belle Prêtreſſe,
Et Pyrame eſt ſous ce mûrier
Dans les bras de Tisbé qu'il preſſe :

Émue, inquiète à quinze ans,
Anette ſeule en ces momens
Dort, gémit, s'éveille & ſoupire;
Je plains ſon douloureux martyre;
Eſt-il de plus affreux tourments
Que d'ignorer ce qu'on deſire?
Sèxe charmant que j'ai chanté!
Tous mes plaiſirs ſont dans l'hommage
Que j'aime à rendre à la Beauté;
C'eſt à vous offrir votre image
Que je goûte la volupté:
Que pour vous l'Amour ſoit ſans aîles!
A la toilette, jours & nuits,
Doux plaiſir careſſez les Belles!
Si vous les parez d'un ſouris,
Si votre gaité brille en elles
A l'aſpect des divers tableaux
Que j'ai formé de leur parure,

Vous embellirez la Nature
Mieux que ne l'ont fait mes pinceaux.

NOMENCLATURE
MYTHOLOGIQUE
DES QUATRE CHANTS.

CHANT PREMIER.

COMUS, Divinité dont l'unique fonction était de préſider aux fêtes & aux toilettes des Femmes & des jeunes Hommes qui aimaient la parure. On le repréſente avec un bonnet de fleurs, tenant un flambeau à la main droite, & s'appuyant de la gauche ſur un pieu.

Paphos, ville de l'île de Chypre, où Vénus avait un temple ſuperbe.

Pſiché. C'eſt un mot grec qui ſignifie *ame*. Il fut attribué par les Païens à une Divinité. Elle était d'une beauté rare. L'Amour en fut épris & la fit tranſporter dans un lieu de délices où elle demeura long-tems avec lui ſans le connaître. L'Amour, après avoir été vivement ſollicité pour dire qui il était, diſparut.

CHANT SECOND.

DIANE, Déeſſe de la Chaſſe. On la regardait comme la Déeſſe de la Chaſteté. Elle avait à ſa ſuite une troupe de Nymphes, toutes plus belles les unes que les autres, & n'en ſouffrait aucunes qui ne fuſſent auſſi chaſtes qu'elle. On dit cependant qu'elle aima le

Berger Endymion, & qu'elle quittait ſouvent le Ciel pendant la nuit pour le viſiter.

Scamandre, fils de Doris & de Jupiter. Il fut métamorphoſé en fleuve, & promenait ſes eaux autour de Troie. Jupiter lui accorda le droit de faire une fête à toutes les jeunes Filles au moment qu'elles allaient ſe marier. Lorſque le mariage était conclu, elles allaient la veille de leurs noces ſe baigner dans le fleuve. Scamandre ſortait de ſes roſeaux & venait les recevoir: il les prenait par la main & les conduiſait dans ſon palais.

Pan, Dieu des Campagnes & des Bergers.

Olimpe, montagne de Theſſalie. On croyait que c'était la demeure des Dieux.

Faunes, Satyres.

Sylvains, Dieux champêtres.

Dryades, Nymphes des Forêts.

Oréades, Nymphes des Montagnes.

Naïades, Nymphes des Fontaines & des Fleuves.

Endymion, Berger de la Carie que Diane aima en ſecret.

Néréides, Nymphes de la Mer.

Tritons, Dieux Marins.

Nappées, Nymphes des Prairies.

Caliſto, Nymphe de Diane que cette Déeſſe chaſſa de ſa Cour pour s'être laiſſée ſéduire par Jupiter.

Echo, Nymphe qui aima paſſionnément Narciſſe, & qui, ne pouvant réuſſir à s'en faire aimer, ſécha de douleur.

Péristhère. L'Amour & Vénus parièrent un jour à qui cueillerait le plus de fleurs dans une heure de tems; Péristhère se mit du côté de Vénus, & dans peu fit perdre la gageure à l'Amour.

CHANT TROISIEME.

EUROPE, fille d'Agénor, Roi de Phénicie. Cette Princesse était si belle, qu'on prétend qu'une des compagnes de Junon avait dérobé un petit pot de fard sur la toilette de cette Déesse pour le donner à Europe. Jupiter lui donna pour séjour la partie du Monde à laquelle elle donna son nom.

Aglaé, Euphrosine, Thalie. Ce sont les trois Grâces, compagnes de Vénus.

Melpomène, Muse de la Tragédie, & Thalie, de la Comédie.

Périnna, Brodeuse Egyptienne.

Arachné, Brodeuse qui osa un jour défier Minerve dans cet Art.

Junon, femme de Jupiter, fameuse par sa jalousie. Elle métamorphosa plusieurs Nymphes plus belles qu'elle, dans la crainte qu'elles ne plussent à Jupiter.

Iris, Messagère des Dieux.

Agénor, Roi des Phéniciens, père d'Europe & de Cilix & Phénix ses deux Fils, auxquels il défendit de paraître à sa Cour qu'ils n'eussent ramené leur sœur qu'avait enlevée Jupiter, ou qu'ils n'apprissent au moins des nouvelles de sa destinée.

CHANT QUATRIEME.

APOLLON, Dieu du Jour, parce qu'il conduit le char du Soleil traîné par quatre chevaux. On le nomme Phœbus au Ciel & Apollon fur la Terre. On le regardait comme le Dieu de la Poéfie, de la Mufique & des Arts.

Thétis, femme de l'Océan, qui en eut un grand nombre de Nymphes appellées Océanies ou Océanitides, du nom de leur père.

Chryféis, fille de Chrysès, Prêtre d'Apollon.

Apollonies, fêtes en l'honneur d'Apollon.

Océanies, filles de Thétis & de l'Océan.

Tithon, jeune Prince, célèbre par fa beauté. Aurore l'aima éperduement, & lorfqu'il fut d'un certain âge, elle obtint des Dieux de le rajeunir.

Héro, Prêtreffe de Vénus. Léandre fon amant paffait à la nage l'Hellefpont pour l'aller voir pendant la nuit. Léandre à la fin fe noya.

Pyrame, jeune Affyrien, célèbre par fa paffion pour Thisbé. Comme fes parens & ceux de Thisbé les gênaient extrêmement, ils fe donnaient des rendez-vous fous un mûrier, fous lequel ils périrent depuis tous deux. Après leur mort, les mûres de cet arbre devinrent noires, de blanches qu'elles étaient.

FIN.

www.ingramcontent.com/pod-product-compliance
Lightning Source LLC
LaVergne TN
LVHW050421160826
845677LV00002BA/472

* 9 7 8 2 3 2 9 7 3 4 1 2 5 *